AF280912

Marion Wittrowski

Das Kochbuch meiner Mutter

DAS

KOCHBUCH

MEINER MUTTER

VON

MARION WITTROWSKI

Sturmerprobte Hausmannskost für Anfänger und Genießer

Impressum

© 2007 Marion Wittrowski
Herstellung und Verlag:
Books on Demand GmbH, Norderstedt
ISBN 9 783833 497001

Liebe Leserinnen und Leser,

nie im Leben hätte ich gedacht, dass ich ein Kochbuch schreiben würde, einen Roman sicherlich, ein Weihnachtsbuch bestimmt, aber ein Kochbuch niemals.

Doch wie Sie sehen können, sollte man niemals „nie" sagen. Meine Tochter hat mich auf die Idee gebracht, dieses Buch zu schreiben, sie hat eine eigene Wohnung und muss sich selbst versorgen. Da sie aber kein Freund von Fast Food ist, musste sie selbst Kochen, was damit endete, dass sie mich jedes Mal anrief, wenn sie Sauerkraut, Grünkohl oder andere Hausmannskost machen wollte. Eines Tages bat sie mich die Rezepte aufzuschreiben, denn wenn ich sterben sollte, wüsste sie vielleicht nicht mehr wie die Spätzle gemacht werden. Das gab mir zu denken.

Genau das ist mir passiert. Meine Mutter starb vor mehr als zehn Jahren, sie war gerade 50 geworden, ich war damals erst 31 Jahre, der schreckliche Verlust traf mich völlig unvorbereitet. Ich vermisse meine Mutter heute noch sehr, bei vielen kleinen Gelegenheiten wünschte ich mir sie wäre noch da, sie war ein Allround-Talent, es gab nichts, was sie nicht konnte, dazu gehörte auch das Kochen. Meine Mutter hat mir das Kochen schon sehr früh beigebracht, früher wäre ich lieber mit meinen Freunden weggegangen, heute bin ich froh, dass sie es nicht zugelassen hat. Es gibt aber trotzdem einige Gerichte, die sie mir nicht verraten hat, sie dachte wir hätten noch genug Zeit, die hatten wir nicht. Diese speziellen Gerichte, kann ich bis heute nicht, und ich möchte nicht, dass es meiner Tochter einmal genauso geht. Einige Rezepte sind von mir dabei, aber die meisten sind von meiner Mutter.

Dieses Kochbuch widme ich meiner Mutter Hannelore Wesselbaum die leider viel zu früh gestorben ist.

Es ist für dich Sabrina, als Andenken an deine Mutter und deine Großmutter.

INHALTSVERZEICHNIS:

Beilagen:

20. Grünkohl
21. Blumenkohl mit Hollandaise
22. Bohnen mit Schinken
23. Spargel mit Butter
24. Spätzle
25. Sauerkraut
26. Rotkohl

Extras:

27. Schokosoße für Eis
28. Dattel- Walnussbrot
29. Spiegeleibrot für die Arbeit

Wenn Gäste kommen:

30. Käsesuppe
31. Chili Suppe
32. Lachsröllchen mit Lauchcreme auf Schwarzbrot
33. Schinkenröllchen
34. Bohnen im Speckmantel
35. Rösti mit Hähnchenfilet und Ananas
36. Tomate, Mozzarella und Basilikum
37. Eiersalat auf Stangenweißbrot
38. Gemischte Fleischplatte
39. Roastbeefröllchen mit Hüttenkäse

American Toast:

41. mit Ei
40. mit Brie
42. mit Salami
43. mit gekochtem Schinken
44. mit Thunfisch
45. mit Salami und Käse
46. mit Thunfischsalat
47. mit Schinken und Ananas
48. Baguettebrötchen „Amerikanisch"

Rezepte von Onkel Klaus:

49. Nussbrot
50. Waffeln
51. Geschnetzeltes mit Ananas
52. Sauerkraut durcheinander
53. Püree mit Rührei und Salat
54. Arme Ritter
55. Gebratener Gouda
56. Püree mit Zwiebeln und Bratwurst

Tischdekorationen:

57. Frühling
58. Sommer
59. Herbst
60. Winter
61. Mutter Natur

1. Rindfleischsuppe

Die Rindfleischsuppe kannst du als Hauptgericht essen, wenn du mehr Nudeln als sonst nimmst, und eine Scheibe Brot dazu isst.

1 Beinscheibe vom Rind 400-500 g
2 l kaltes Wasser
4-5 Würfel Rindfleischbrühe
1 Bund Suppengrün
1 Prise Salz

ergibt 8 - 10 Portionen

Die Beinscheibe solltest du für 15 Minuten in kaltes Wasser legen, dann spült sich das restliche Blut aus dem Fleisch, sonst kann es dir passieren, dass du braunen Schaum in der Suppe hast, und das ist sehr unappetitlich.

Nun legst du die abgewaschene Beinscheibe in einen Topf und gießt 2 l Wasser darüber. Die Brühwürfel, Salz und das Stück Sellerie vom Suppengrün gibst du ebenfalls dazu, dann lass alles aufkochen. Beobachte die Suppe bis sie kocht, dann stellst du sie auf die kleinste Stufe und lässt sie ca. 2 Stunden ziehen. Nach einer halben Stunde kannst du Porree und Möhren klein schneiden und dazugeben. Nach den 2 Stunden nimmst du den Sellerie heraus und wirfst ihn weg, das Fleisch kann nun auch herausgenommen werden, schneide das Fett und die Sehnen ab, denn das magst du nicht, das Fleisch kannst du in kleine Stücke schneiden und zurück in den Topf werfen.

Nun koch dir ein paar Nudeln, ob Suppennudeln oder Wickli egal, aber spül sie nach dem Kochen mit heißem Wasser ab, und wirf bitte die Nudeln nicht in die Suppe, sondern gib sie auf den Teller, dann hast du eine schöne klare Rindfleischsuppe.

2. Graupensuppe

Solltest du einmal Hunger auf Graupen haben, dann koch dir gleich einen großen Topf voll und friere einige Portionen ein. Graupensuppe ist etwas aufwendig und Zeit raubend, aber es lohnt sich, wie du weißt. Wenn du nicht so einen großen Topf hast, halbierst du die Zutaten, nur das Suppengrün bleibt so.

500 g Suppenfleisch
1 Bund Suppengrün
4 Mettenden
1 Stück Kasseler oder geräucherten Speck
1 Päckchen feine Graupen
5 Würfel Rindfleischbrühe
1200 g Kartoffeln
etwas Salz
ca. 4 l Wasser

ergibt 8 - 10 Portionen

Das Suppenfleisch wäschst du erst unter fließend kaltem Wasser ab, dann legst du es in den Topf. Nun das Suppengrün: alles gut abwaschen, der Sellerie und die Petersilie kommen ungeschnitten zum Fleisch. Ebenso das Kasseler oder der geräucherte Speck, alles mit ca. 4 l Wasser auffüllen, Salz und Brühwürfel dazu und aufkochen lassen. Auf kleiner Stufe weiterkochen lassen.
Nach etwa einer halben Stunde kannst du die Mettenden dazugeben. In der Zeit kannst du schon einmal den Porree und die Möhren klein schneiden, die Kartoffeln in kleine Würfel schneiden, abwaschen und im Wasser stehen lassen, bis sie an der Reihe sind.
Die Graupen müssen in einem extra Topf gekocht werden, anschließend ganz gründlich mit heißem Wasser abwaschen, bis das Wasser klar aus dem Sieb läuft. Wenn du das nicht machst, wird die

Suppe milchig und im schlimmsten Fall schleimig, dann schmeckt sie nicht mehr. Nachdem die Suppe 1 Stunde geköchelt hat, kannst du die Kartoffeln und das Gemüse dazugeben. Nach einer weiteren halben Stunde, nimmst du das Fleisch, die Mettenden, den Sellerie und die Petersilie heraus und ab in den Müll damit, Fleisch und Mettenden klein schneiden und zurück in den Topf werfen.

Nun kommen die Graupen in den Topf, alles noch einmal aufkochen lassen und fertig ist die Graupensuppe.

3. Wirsingeintopf mit Fleischklopsen

Das ist etwas für die kalte Jahreszeit, auch hier gilt, hast du zuviel frier dir einige Töpfchen ein. Ich weiß, das Beste für dich sind immer noch die Fleischklopse. Den Wirsing musst du halt in Kauf nehmen.

1 Stück Kasseler ca. 500 g
400 g Gehacktes
4 Mettenden
Salz
1 Wirsingkopf
etwas Pfeffer
1000 g Kartoffeln
1 trockenes Brötchen
1 Tl Salz
1 mittlere Zwiebel
etwas Pfeffer
1 Ei
1 Prise Piment gemahlen
4 Würfel Rindfleischbrühe
4 l Wasser

ergibt 8 - 10 Portionen

Die Suppe:

Kasseler, Mettenden, Salz, die Brühwürfel und das Wasser in einen großen Topf geben und aufkochen. Auf kleiner Stufe ca. 1 Stunde köcheln lassen. In der Zeit die Kartoffeln in Würfel und den Wirsing in Streifen schneiden, beides in den Topf geben und mitkochen lassen, nach 15 Minuten kommen die Klopse dazu. Dabei ist es ganz wichtig, dass du die Suppe nur noch ziehen lässt, wenn sie kocht, zerfallen die Fleischbällchen.

Die Fleischklopse:

Das Gehackte in eine Schüssel geben, mit Salz und Pfeffer würzen. Das Brötchen in Wasser aufweichen und auspressen, ebenfalls dazugeben. Die Zwiebel in einem Zwiebelhacker, oder mit einer feinen Reibe zu Mus verarbeiten, mit dem Ei zu der Fleischmasse geben und alles gut durch kneten. Davon machst du kleine Bällchen und legst sie in den Topf, am besten nicht eher rühren, bis die Bällchen fertig sind. Das ist etwa nach 15 Minuten der Fall.

Zum Abschluss würzt du das ganze mit Pfeffer und Piment, wobei du mit dem Piment vorsichtig umgehen solltest.

Fertig ist dein Eintopf.

Tipp: Sollte das zuviel für dich sein, halbiere einfach die Zutaten.

4. Hühnersuppe

Wenn du erkältest bist, oder dich krank fühlst, solltest du dir eine Hühnersuppe Kochen, die kann Wunder vollbringen.

1 Hähnchen ca. 1100 g
2 l Wasser
1 Prise Salz
4 Würfel Hühnerbrühe

ergibt 8 - 10 Portionen

Das Hähnchen solltest du 15 Minuten in kaltes Wasser legen, oder zumindest unter kaltem Wasser gründlich abspülen. Das Hähnchen, 2 Liter Wasser, Salz und die Brühwürfel in einen Topf werfen und aufkochen. Anschließend auf die kleinste Stufe stellen und etwa 2 Stunden ziehen lassen. Nach der Zeit prüfe bitte ob das Hähnchen weich genug ist, manchmal erwischt du eins, das muss etwas länger Kochen. Ist es fertig, nimm es heraus und lass es ein wenig abkühlen, wenn es ganz kalt ist, wirst du Schwierigkeiten haben, das Fett ganz abzubekommen, nun zerpflück es in kleine Stücke. Dann kannst du das Fleisch wieder in die Suppe geben.
Die Suppe schmeckt mit Reis oder Nudeln, wenn du hast, kannst du noch etwas gehackte frische Petersilie auf die Suppe geben.

5. Gurkensalat mit Sahnesoße

Weil dein Magen den Gurkensalat nicht so gut verträgt, du ihn aber immer wieder unbedingt essen willst, solltest du dich genau an die Anleitung halten, dann wirst du weniger Probleme haben.

1 Schlangengurke
Salz
Pfeffer
1 Becher Sahne
1 El. Miracel Whip
3 El. Zitronensaft
Zucker nach Belieben

ergibt 3 Portionen

Die Schlangengurke schälen, in Scheiben schneiden, in eine Schüssel geben, mit etwas Salz bestreuen und stehen lassen.
Die Sahne, mit dem Miracel Whip, Pfeffer, Zitronensaft und dem Zucker in eine Schüssel geben und vermischen. Bitte kein Salz mehr zugeben, das ist schon auf den Gurken.
Nach 15 Minuten nimmst du die Gurken in die Hand und drückst sie kräftig aus, der Saft, der heraus kommt, verursacht deine Magenprobleme. Die ausgedrückten Gurken gibst du in die Salatsoße.
Das sieht zwar nicht so gut aus, weil du die Gurken durch das drücken etwas deformiert hast, aber dafür bekommst du keine Probleme mit dem Magen.

6. Eisbergsalat mit Schmand

Es muss nicht unbedingt Eisbergsalat sein, du kannst die Soße auch für grünen Salat nehmen.

1 Eisbergsalat
1 Zwiebel
½ Becher Schmand
½ Becher Sahne
5 El. Zitronensaft
Salz
Pfeffer
Zucker

ergibt 5 Portionen

Schmand, Sahne, Salz, Pfeffer und Zitronensaft in eine Schüssel geben und verrühren. Zucker nach Belieben. Die Zwiebel klein schneiden und dazugeben.
Den Salat abwaschen, gut abtropfen lassen und in kleine Stücke schneiden, dann mit der Soße mischen. Du kannst den Salat auch auf einen Teller legen und die Soße darüber gießen, ein paar Zwiebelringe und etwas frische Petersilie an den Tellerrand legen, das Auge isst auch mit.

7. Tomatensalat mit Essig und Öl

Den Salat kannst du beliebig erweitern, indem du z.B. noch Paprika oder Mais dazu gibst.

5 Tomaten
1 Zwiebel
6 El. Öl
3 El. Essig
Salz
Pfeffer
Zucker

ergibt 4 Portionen

Essig, Öl, Salz und Pfeffer zu einer Soße verrühren, der Zucker kommt wieder zuletzt, nach Geschmack.
Die Zwiebel in Ringe schneide und dazugeben. Die Tomaten vierteln und unterrühren.

Tipp: Die Salatsoße kannst du für alle Salate nehmen, auch für einen gemischten Salat.

8. Kartoffelsalat

Der Kartoffelsalat schmeckt besonders gut, wenn du ihn lauwarm isst, hervorragend zu Grillfleisch.

700 g Kartoffeln
2 Zwiebeln
1 Päckchen Fleischsalat
6 El. Öl
4 El. Essig
Salz
Pfeffer
etwas Zucker
2 Tl. Senf

ergibt 6 Portionen

Die Kartoffeln mit Schale Kochen. In der Zeit kannst du die Soße machen.
Öl, Essig, Salz, Pfeffer, etwas Zucker und den Senf mischen, die Zwiebeln klein schneiden und dazugeben. Die Kartoffeln solltest du so heiß wie möglich pellen und in die Soße geben, dann nehmen sie den Geschmack richtig an. Alles etwa 2 Stunden ziehen lassen, je länger desto besser, dann kommt erst der Fleischsalat dazu. Wenn du den Salat lauwarm essen möchtest, brauchst du ihn nur einen kurzen Moment in die Mikrowelle stellen. Meistens reichen 20- 30 Sekunden aus.

Tipp: Wenn du wenig Zeit hast, kannst du dir zwei Spiegeleier über den Salat geben, das ist ein komplettes Mittagessen.

9. Nudelsalat mit Thunfisch

Liebe Köchinnen und Köche ich weiß das hört sich komisch an, ist bei uns aber der Renner auf jeder Grillparty, das Rezept habe ich schon einige Male rausrücken müssen.

500 g gekochte Nudeln
1 Dose Thunfisch in Öl
1 DOSE Mexiko Mix (Erbsen, Mais und rote Paprika)
Remoulade nach Belieben

ergibt 6 Portionen

Den Mexiko Mix abgießen und in eine Schüssel geben. Die gekochten Nudeln, und den Thunfisch mit dem Öl dazugeben, alles verrühren. Die Remoulade kommt nach und nach dazu, bis du der Meinung bist, so möchte ich das haben.
Eigentlich ist der Salat fertig, sollte er dir nicht genug gewürzt sein, kannst du ihn noch mit Salz und etwas Fondor verfeinern.
Das Thunfischöl ist eigentlich Würze genug.

Tipp: Den Mexiko Mix gibt es von Bonduelle. Welche Nudeln du nimmst, ist völlig egal.

10. Geschnetzeltes mit Schmand

Zu dem Geschnetzelten, passen die Spätzle besonders gut, noch einen frischen Salat, und du hast ein köstliches Mahl.

500 g Schweinelachs
3 Zwiebeln
etwas Fett zum Braten
Salz
Pfeffer
Paprika
2 Päckchen Bratensoße
3 Tl. Gekörnte Brühe
1 Becher Schmand
½ Becher Sahne
Soßenbinder
1 kleine Dose Champions
ca. 1 ½ l Wasser kann auch mehr sein

ergibt 6 Portionen

Fett in einen Brattopf geben und gut erhitzen. Das in Streifen geschnittene Fleisch dazugeben und mit Salz, Pfeffer und Paprikapulver würzen, alles gut anbraten, kurz bevor es angebraten ist, sollten die Zwiebeln dazu kommen. Wenn du die Zwiebeln von Anfang an mit dazu gibst, könnten sie schwarz werden und das ist nicht gut. Wenn alles gut angebraten ist, füllst du das Fleisch mit Wasser auf, bis es gut bedeckt ist, darum ist die genaue Wassermenge nicht richtig festzulegen. Die Bratensoße und die gekörnte Brühe kommen jetzt dazu. Du lässt alles solange Kochen, bis das Fleisch richtig weich ist, dann kommen Champions, Schmand und Sahne dazu. Alles noch einmal aufkochen lassen und mit Soßenbinder Andicken.

Tipp: Das Geschnetzelte kannst du gut einfrieren, aber ohne Soßenbinder, sonst hast du beim späteren Erwärmen das Problem, dass dir die Soße anbrennt.

Eigene Notizen:

11. Gulasch

Schlicht und einfach Gulasch, wenn du es etwas flüssiger machst kannst du dieses Gulasch auch als Gulaschsuppe nehmen, mit Weißbrot eine ganze Mahlzeit.

400 g Gulasch nur Schwein, oder gemischt
2 große Zwiebeln
Salz
Pfeffer
Paprika
2 Würfel Fleischbrühe
Bratensoße nach Geschmack
2 Tomaten
1 grüne Paprika
1 rote Paprika
Soßenbinder
Wasser zum Auffüllen
Margarine zum Anbraten

ergibt 3 Portionen

Margarine in einen Topf geben und erhitzen, das Fleisch, mit Salz, Pfeffer und Paprika würzen. Anbraten, bis die Flüssigkeit ganz weg ist. Jetzt können die klein geschnittenen Zwiebeln dazu, alles braten bis es braun ist.
Dann kommen die Tomaten dazu, wenn du sie nur halbierst, findest du die Schale hinterher wieder, und kannst sie aus dem Topf nehmen. Die grüne und rote Paprika in Streifen schneiden und noch etwas mit anbraten. Als nächstes kommt das Wasser in den Topf, dass es einen Finger breit über dem Fleisch ist. Die Brühwürfel und etwas 2 Päckchen Bratensoße dazugeben und auf kleiner Stufe köcheln lassen.

Nach ungefähr einer Stunde ist das Fleisch fertig, dann kannst du es mit Soßenbinder Andicken.

Nudeln, Kartoffeln oder Reis passen dazu. Wenn du genug Zeit hast, kannst du dir Spätzle dazu machen.

Eigene Notizen:

12. Königsberger Klopse

Das war immer der Renner bei uns, mit Kartoffeln und Eisbergsalat unschlagbar.

Für die Klopse:
400 g Gehacktes halb & halb
1 Brötchen
1 Zwiebel
Salz
Pfeffer
Paniermehl
5 Würfel Rindfleischbrühe
Wasser
1 Ei

Für die Soße:
Mehl
Brühe von den Klopsen
Margarine
1 Becher Schmand
getrocknete Petersilie

ergibt 6 Portionen

Die Klopse:
Das Brötchen in Wasser einweichen. Das Gehackte, die klein geschnittene Zwiebel, Salz, Pfeffer, 1 Ei und das ausgedrückte Brötchen vermengen, zum Schluss noch etwas Paniermehl, damit die Klopse nicht auseinander fallen. Kleine Kugeln formen. Ca. 3 Liter Wasser und die Brühwürfel in einen Topf geben, und aufkochen

lassen. Wenn die Brühe richtig am Kochen ist, lässt du die Klopse langsam in das Wasser gleiten, dann sofort auf kleine Stufe zurück stellen. Nach 15 Minuten sind die Klopse fertig und können aus der Brühe genommen werden.

Die Soße:

Etwas Margarine in den Topf geben und erhitzen, Mehl hineinstreuen, bis es eine feste Masse ergibt, das rühren nicht vergessen, sonst brennt es nur an. Wenn sich das Mehl mit der Margarine verbunden hat, mit der Brühe von den Klopsen ablöschen, immer weiter rühren, bis die Soße die Konsistenz hat, die du möchtest. Nun kommt der Schmand dazu, es muss kaum noch gewürzt werden, dass hat die Brühe übernommen. Zum Schluss noch etwas getrocknete Petersilie und fertig ist die Soße. Zum Aufwärmen kannst du die Klopse wieder in die Soße geben.

13. Kasselerbraten

Hierbei musst du mit Salz mehr als vorsichtig sein, das Kasseler ist schon salzig genug.

400 g Kasseler Nacken
Margarine zu anbraten
Pfeffer
Etwas Paprika
2 Päckchen Bratensoße
2 Zwiebeln
Soßenbinder

ergibt 4 Portionen

Die Margarine erhitzen, das Kasseler mit Pfeffer und wenig Paprika würzen, und anbraten.
Die Zwiebeln in Würfel schneiden und dazugeben, aber nicht zu früh, sonst werden sie schwarz. Wenn alles gut angebraten ist, mit Wasser ablöschen, das Fleisch sollte schon bedeckt sein. 1 Päckchen Bratensoße mitkochen lassen, dass andere kommt hinzu wenn das Fleisch fertig ist, ungefähr nach 90 Minuten.
Mit Soßenbinder die Soße andicken.

Tipp: Wenn du eine glatte Soße haben möchtest, solltest du den Sud vor dem Andicken durch ein ganz feines Sieb geben und mit einem Schneebesen die Zwiebeln durch das Sieb rühren.
So ist der Geschmack von den Zwiebeln in der Soße, aber die Zwiebelstücke nicht.

14. Rinderrouladen

Rouladen neigen dazu etwas zäh zu sein, dass kannst du umgehen, indem du die Rouladen beim Schlachter kaufst, zum anderen musst du sie lange genug Kochen lassen.

4 Rouladen
2 Tomaten
4 Zwiebeln
Senf
4 Scheiben Schinkenspeck
2 Gewürzgurken
Salz
Pfeffer
2 Päckchen Bratensoße
Soßenbinder

ergibt 4 Portionen

Die Rouladen mit Salz und Pfeffer bestreuen, dann mit Senf einstreichen. Eine Zwiebel und eine Tomate vierteln, je ein Viertel in eine Roulade legen. Die Gewürzgurken halbieren und ebenfalls dazugeben. Zuletzt kommt jeweils eine Scheibe Schinkenspeck dazu. Jetzt rollst du die Rouladen auf. Am besten sind Rouladenklammern, dann musst du nicht mit einem Zwirn hantieren, die Seiten werden mit einem Zahnstocher zugemacht.
 Die Rouladen von beiden Seiten anbraten, dann kommen die restlichen Zwiebeln, eine Tomate und etwas Senf dazu, alles gut braten lassen, dann mit Wasser ablöschen und die beiden Päckchen Bratensoße dazugeben. Die Rouladen sollten etwa 90 bis 120 Minuten leicht kochen, wenn sie schön weich sind, nimmst du sie heraus. Den Sud durch ein feines Sieb geben und mit dem Schneebesen die Zwiebeln und die Reste der Tomate durchdrücken.

Die Soße mit Soßenbinder andicken, Kartoffeln und Erbsen, oder Salat dazu reichen, und du hast ein gar köstliches Mahl.

Eigene Notizen:

15. Kohlrouladen

Kohlrouladen sind sehr aufwendig, aber super lecker, auch hier gilt, mach lieber ein paar mehr und frier sie ein, für das nächste Mal.

1 kleinen Weißkohl oder Wirsing
400 g Gehacktes
1 Ei
1 Brötchen
4 kleine Zwiebeln
Salz
Pfeffer
3 Päckchen Bratensoße
3 Würfel Rindfleischbrühe
Maggi zum abschmecken
Margarine zum anbraten
Wasser zum ablöschen
Soßenbinder

ergibt 8 Portionen

Die Blätter werden vom Weißkohl oder Wirsing abgemacht, so kannst du sie besser blanchieren. Blanchieren heißt: Kurz in heißes Wasser legen, damit sich die Blätter besser formen lassen. Das Wasser sollte aber schon aufgekocht sein, dann lässt du den Topf auf der Herdplatte stehen und nimmst die Blätter nach 5 Minuten heraus.
In der Zeit kannst du das Gehackte fertig machen, dass kennst du ja schon von den Klopsen.
Das Brötchen in Wasser einweichen und ausdrücken, Salz, Pfeffer, das Ei und eine klein geschnittene Zwiebel dazugeben und gut durchkneten, dass ist sehr wichtig, damit sich alle Zutaten mit einander vermischen.

Nachdem die Kohlblätter abgekühlt sind, nimmst du 1 bis 2 Blätter, je nach Größe und füllst sie mit dem Gehackten. Alle Seiten gut zumachen und mit einer Rouladenklammer verschließen.

Nun gibst du die Margarine in einen Topf, wenn sie heiß genug ist, legst du die Rouladen hinein, gut von beiden Seiten anbraten, zwei Zwiebeln klein schneiden und mit anschmoren. Dann mit Wasser auffüllen, die Brühwürfel und die Bratensoße dazugeben und etwa 45 Minuten köcheln lassen. Anschließend die Rouladen heraus nehmen und mit Soßenbinder die Soße andicken.

Von dem restlichen Kohl kannst du Gemüse machen, einfach in Streifen schneiden und mit der letzten Zwiebel in Fett schmoren, mit Salz, Pfeffer und Maggi abschmecken, Kartoffeln dazu und fertig ist dein Essen.

Tipp: Die Rouladen wie gehabt nur mit dem Sud einfrieren, das Gemüse lässt sich ebenfalls gut einfrieren, so hat sich die Arbeit gelohnt.

Eigenes Rezept:

16. Schnitzel mit Pilze in Weinsoße

Das ist dein Leibgericht, ich weiß, darum darf das hier auch nicht fehlen. Pass gut auf!

Für die Schnitzel:
2 Scheiben vom Schweinelachs
1 Ei
Paniermehl
Salz
Pfeffer
Fondor
Butter

Für die Soße:
1 Dose Pilze ganze Köpfe Miniatur
1 Becher Sahne
1 Becher Schmand
Weißwein nach Geschmack
Butter
1 Zwiebel

ergibt 2 Portionen

Die Schnitzel:
Die Scheiben Schweinelachs gut klopfen, bis sie die doppelte Größe erlangt haben, mit Salz, Pfeffer und Fondor würzen. Das Ei mit etwas Sahne verrühren und die Schnitzel durchziehen, anschließend in Paniermehl wälzen und gut anklopfen. In Butter braten.

Die Pilze:

Butter in eine Pfanne geben, Pilze und die klein geschnittene Zwiebel darin anbraten mit der Sahne ablöschen und leicht kochen lassen, den Schmand dazugeben und gut verrühren. Zu letzt nimmst du etwas Weißwein und gibst ihn in die Soße immer nur ein bisschen, bis dir der Geschmack gefällt.
Dazu Spätzle und du hasst ein Essen, wie im Restaurant.

Tipp: Du nimmst für Schnitzel am besten immer Schweinelachs, das Fleisch ist nicht fettig und hat auch keine Sehnen, außerdem ist das Schnitzel in etwa 3 Minuten fertig und nicht zäh.

17. Chinesisches aus der Wokpfanne

Wokpfannen gibt es im Handel zu kaufen, die sind weit besser als ein richtiger Wok, weil sie besser zu handhaben sind.

1 Paket Hähnchen- Brustfilet
500 g Sojasprossen
1 Paprika die Farbe ist egal
1 Stange Porree
2 Zwiebeln
Salz
Pfeffer
Sojasoße
2 Tl. Bratensoße
1 El. Öl

ergibt 6 Portionen

Das Öl in die Wokpfanne geben und erhitzen, das in Stückchen geschnittene Hähnchenfleisch dazugeben, mit Salz und Pfeffer würzen und anbraten, in weinigen Minuten ist das Fleisch durch. Den Porree, Paprika und die Zwiebel schneidest du klein, wie klein ist dir überlassen. Das Fleisch löscht du mit Sojasoße ab, dann kommt das Gemüse dazu, das nur ganz kurz anbraten, die Sojasprossen zuletzt. Du kannst noch etwas Wasser beigeben, damit du mehr Soße hast, die Bratensoße darüber streuen, und alles durchrühren.

Das geht sehr schnell und ist leicht. Mit Reis hast du eine gesunde Mahlzeit. Wenn was übrig bleibt, kannst du den Reis mit in das Fleisch geben und am anderen Tag aufwärmen.

18. Brathähnchen mit Soße

Brathähnchen kann man immer essen, und was du nicht schaffst, kannst du kalt auf Brot essen.

1 Hähnchen 1100-1200 g
Salz
Pfeffer
Paprika
Fondor
2 Päckchen Soße für Geflügel

ergibt 2 Portionen

Das Hähnchen auftauen lassen und den Beutel mit Innereien entfernen, dass Hähnchen von innen gut ausspülen, unter kaltem Wasser.
Mit Salz, Pfeffer, Paprika und Fondor würzen, von innen und außen. Den Backofen auf 180 Grad vorheizen, das Hähnchen in einen großen Topf oder Bräter legen und gut 1 Stunde backen lassen. Es muss zwischendurch gewendet werden, du solltest kein Fett nehmen, dass Hähnchen hat genug Fett. Nach etwa einer halben Stunde gibst du 1 Tasse Wasser in den Topf, damit du Flüssigkeit für die Soße hast. Natürlich hat das Hähnchen nachher eine Seite, die nicht knusprig ist, wenn du das nicht möchtest, nimmst du eine Viertelstunde Stunde vor Bratende das Hähnchen aus dem Topf und legst es auf ein Backblech, um diese eine Seite knusprig zu braten.

Den Topf mit dem Sud stellst du auf den Herd. Wenn dir die Flüssigkeit nicht ausreicht, kannst du noch Wasser nachschütten, dann rührst du die beiden Päckchen Soße für Geflügel in den Sud und lässt alles noch einmal aufkochen. Kartoffeln und Salat dazu, fertig ist dein Essen.

Tipp: Das restliche Fleisch kannst du auf eine Scheibe Weißbrot legen, Tomatenscheiben und Remoulade dazu, eine weitere Scheibe Weißbrot obendrauf und schon hast du für die Arbeit am nächsten Tag ein lecker Frühstück.

Eigene Notizen:

19. Hühnerfrikassee

Hühnerfrikassee ist wieder so ein Essen, was etwas Aufmerksamkeit braucht, aber das weißt du schon.

1 Hähnchen 1100 g
3 Würfel Hühnerbrühe
Mehl
60 g Margarine
1 Becher Sahne
1 Becher Schmand
1 kleine Dose Erbsen
1 Dose Spargel
1 kleine Dose Pilze
Zitronensaft
Salz
Pfeffer
Maggi

ergibt 6 Portionen

Das Hähnchen von den Innereien befreien und abwaschen, mit Wasser bedecken und mit den Brühwürfeln aufkochen. Etwa 90 Minuten auf kleiner Flamme ziehen lassen. Anschließend nimmst du das Hähnchen heraus und legst es auf einen Teller zum Abkühlen. Wenn es lauwarm ist, solltest du es von Haut und Knochen befreien.
Die Margarine in einen nicht zu kleinen Topf geben und erhitzen, dann das Mehl langsam einrühren, so viel Mehl bis es sich mit der Margarine verbunden hat und langsam anfängt klumpig zu werden. Die Hühnerbrühe nimmst du zum Ablöschen, eine Kelle nach der anderen und immer rühren, bis du eine Soße hast. Wenn du mit der Flüssigkeit nicht so schnell nachkommst, solltest du vielleicht vorher die Brühe in

eine Kanne geben, so kannst du sie schneller nachfüllen. Die Gefahr, dass dir die Soße anbrennt, bevor sie fertig ist, ist sehr groß
.

Nun kannst du den Herd auf kleine Flamme stellen, die Sahne und den Schmand einrühren, wenn die Soße zu dick ist, immer wieder mit Brühe auffüllen und rühren. Mit Maggi, Salz und Pfeffer würzen, mit Zitronensaft abschmecken, bis dir der Geschmack zusagt. Jetzt kommen Spargel, Pilze, Erbsen und das Fleisch dazu.
Als Beilage kannst du Reis nehmen.

Tipp: Versuch es mal mit Kartoffeln, gar köstlich, und macht länger satt.

20. Grünkohl

Das ist wirklich nur was bei kaltem Wetter, sonst schmeckt Grünkohl nicht.

1 Glas Grünkohl
2 El. Schmalz
2 Mettenden
1 Ring Kohlwurst
200 g Kasselerrippe
Prise Piment gemahlen
Pfeffer
2 El. Bratensoße
Haferflocken
Wasser
1 Zwiebel

ergibt 4 Portionen

Schmalz in den Topf geben und erhitzen, den Grünkohl und die klein geschnittene Zwiebel dazugeben und schmoren lassen. Nach 10 Minuten legst du die Kohlwurst, die Mettenden und die Kasselerrippe dazu, alles mit Wasser bedecken, die Bratensoße dazugeben und auf kleiner Flamme 40 Minuten köcheln lassen. Dann nimmst du das Fleisch und die Würstchen heraus, würzt mit etwas Pfeffer, und gibst eine Prise Piment dazu. Zum Schluss kommen die Haferflocken, die sind zu Andicken da, denn wir wollen doch keine Flüssigkeit auf dem Teller schwimmen haben. Die Haferflocken machen den Grünkohl etwas sämig und saugen die restliche Flüssigkeit auf. Am besten gibst du nur löffelweise die Haferflocken in den Topf, und wartest, bis es immer wieder kocht. Sonst könnte der Grünkohl zu einem festen Brei mutieren. Einfach Kartoffeln dazu, dass war es schon.

Tipp: Grünkohl kannst du auch gut einfrieren.

21. Blumenkohl mit Hollandaise

Du nimmst gerne gefrorenes Gemüse, deshalb habe ich das Rezept nicht mit frischem Blumenkohl geschrieben.

500 g Blumenkohl aus der Tiefkühltruhe
Salz
2 El. Margarine
Mehl
1 Becher Sahne
1 Becher Schmand
ca. ¼ l Milch
Muskat
Pfeffer
Maggi

ergibt 2 Portionen

Den Blumenkohl nach Anleitung kochen. Die Margarine in einem Topf erhitzen, Mehl solange dazugeben, bis ein Brei entsteht, dann mit etwas Milch auffüllen und rühren, immer rühren und Milch einschütten, bis eine dicke Soße entstanden ist, die keine Klumpen enthält. Jetzt kommt die Sahne dazu, wenn das nicht ausreicht, um die Soße wie Soße aussehen zu lassen, gibst du noch etwas Milch dazu. Zum Schluss kommt der Schmand, Salz, Pfeffer, etwas Muskat und Maggi. Nimm bitte nicht so viel von den Gewürzen, gib lieber was nach, sonst ist die Soße hin und du fängst von vorne an.
Gib die Soße über das Gemüse, nicht das Gemüse in die Soße. Du brauchst nicht unbedingt Fleisch dazu, Kartoffeln reichen auch.

Tipp: Wahrscheinlich hast du noch reichlich Soße über, die kannst du am anderen Tag mit Milch wieder verdünnen. Ein anderes Gemüse dazu, und du hast wieder ein Essen, vielleicht machst du dir dann ein Schnitzel dazu, anstatt Kartoffeln.

22. Bohnen mit Schinken

Hier kannst du wählen, zwischen Bohnen aus der Tiefkühltruhe, oder einer Dose Delikatessbohnen.

1 Dose Bohnen oder 220 g Tiefkühlbohnen
3 El. Butter
6 Scheiben rohen Schinken
Pfeffer
Maggi
1 Zwiebel

ergibt 1 Portion

Die Dose Bohnen in ein Sieb geben, die Tiefkühlbohnen nach Anleitung kochen. Die Butter in einen Topf geben und erhitzen, den Schinken und die Zwiebel klein schneiden und anbraten, die Bohnen dazugeben und erhitzen, mit Pfeffer und Maggi abschmecken. Du solltest kein Salz nehmen, der Schinken ist salzig genug.

Tipp: Zum Abendessen, mit Röstbrot eine Delikatesse.

23. Spargel mit Butter

Beim Spargel musst du sehr ordentlich mit dem schälen sein, wenn du nicht alles wegschälst, wird er holzig.
Am besten du nimmst den eingefrorenen, der ist schon geschält.

400 g Spargel
3 l Wasser
2 El. Zucker
1 Tl. Salz
100 g Butter

ergibt 2 Portionen

Das Wasser in einen großen ovalen Topf geben, wenn du einen Spargeltopf hast um so besser. Zucker und Salz dazugeben und aufkochen, den Spargel rein legen und ca. 20 Minuten leicht kochen lassen.

Die Butter in einem Topf erhitzen, bis sie anfängt braun zu werden. Einen Spargel aus dem Topf nehmen und probieren, ob er schon weich ist, wenn ja, kannst du ihn auf einer Platte anrichten und die Butter darüber gießen. Mit etwas Petersilie sieht es richtig appetitlich aus. Dazu nimmst du Kartoffeln und Rührei, oder gekochten Schinken.

Tipp: Du kannst den Spargel auch in eine Auflaufform legen, Paniermehl darüber streuen und dann Butterflöckchen darauf geben, und für 20 Minuten bei 180 Grad in den Backofen stellen.

24. Spätzle

Spätzle kannst du zu fast allen Sorten Fleisch essen.

200 g Mehl
6 El. Wasser
2 Eier
1 Prise Salz
Butter

ergibt 3 - 4 Portionen

Alle Zutaten in eine Schüssel geben, und mit dem Handmixer (Knethaken) verrühren, der Teig muss sehr zäh sein, sollte er zu trocken sein, gibst du noch löffelweise Wasser zu.
Einen Topf mit Wasser zum Kochen bringen, den Herd auf hoher Stufe lassen, das Wasser darf nicht abkühlen. Dann nimmst du entweder einen Spätzlehobel, den gibt es im Handel zu kaufen, oder du schabst den Teig von einem Brett ins Wasser. Die Spätzle sind fertig, wenn sie an der Wasseroberfläche schwimmen. Mit einem Schaumlöffel die Spätzle aus dem Wasser nehmen, und in ein Sieb geben, mit kaltem Wasser abspülen.
Die Butter, wie viel kommt auf deinen Geschmack an, in eine Pfanne geben und die Spätzle darin erhitzen, ich würze sie immer noch mit etwas Fondor und Maggi.

Tipp: Du kannst die Menge beliebig vervielfältigen, und einige Beutel einfrieren. Beim nächsten Mal antauen lassen und in Butter braten.

25. Sauerkraut

Du magst bei niemanden Sauerkraut essen, keiner kann es dir recht machen, also musst du wohl lernen, es dir selbst zu Kochen…

1 Dose Sauerkraut
1 Würfel Fleischbrühe
Wasser
etwas Schmalz zum anbraten
2 Mettenden
3 Tl. Speisestärke

ergibt 3 Portionen

Gib das Sauerkraut in ein Sieb und wasch es mit kaltem Wasser kurz ab, sonst wird es dir zu sauer sein. Dann gibst du Schmalz in den Topf und erhitzt es, das Sauerkraut wird darin richtig angebraten, bis es etwas gebräunt ist. Gib soviel Wasser dazu, bis das Sauerkraut bedeckt ist, dann noch den Brühwürfel und die Mettenden dazu und etwa 45 Minuten Kochen lassen.
Anschließend die Speisestärke mit etwas Wasser verrühren und zum Andicken in das Sauerkraut geben.
Fertig!

26. Rotkohl

Rotkohl kannst du zu allen Fleischsorten nehmen, Frikadellen schmecken sehr lecker dazu.

1 Glas Rotkohl
2 Mettenden
2 El. Margarine
Salz
Pfeffer
1 Würfel Fleischbrühe
1 Lorbeerblatt
¼ l Wasser
Speisestärke

ergibt 5 Portionen

Den Rotkohl in ein Sieb geben und abtropfen lassen. Die Margarine in einem Topf erhitzen, den Rotkohl dazugeben und schmoren lassen, mit Salz und Pfeffer würzen. Wenn er angeschmort ist, das Wasser, Brühwürfel und die Mettenden dazugeben, und auf kleiner Flamme 45-60 Minuten köcheln lassen.
Dann nimmst du eine Tasse, halbvoll mit Wasser und rührst die Speisestärke mit einer Gabel rein. Ich nehme immer die Gabel um die Speisestärke in die Tasse zu geben, etwa 3 Gabeln, dann gibst du sie in den kochenden Rotkohl, bis er angedickt ist.

Tipp: Schütte nicht die ganze Speisestärke auf einmal rein, sondern immer etwas. Umrühren und sehen wie dick der Rotkohl ist.
Merke dir, alles was zum Andicken genommen wird, kann außer Kontrolle geraten, wenn du zu viel nimmst.

27. Schokosoße für Eis

Um diese Schokosoße werden dich alle beneiden, die kann man nirgendwo kaufen.

½ l Milch
¼ l Sahne
2 Tafeln Blockschokolade

Die Milch und die Sahne im Topf erhitzen, dann die klein geschnittene Blockschokolade dazugeben. Auf ganz kleiner Flamme die Schokolade schmelzen lassen. Das Rühren nicht vergessen, und nicht aus der Küche gehen, dann setzt sie sicherlich an und ist ruiniert.
Wenn die Soße abgekühlt ist, im Kühlschrank aufbewahren. Zum Erhitzen die Soße in ein kleines Gefäß geben und in der Mikrowelle erwärmen, aber nur einen kurzen Moment. So ist immer frische Soße da.

Tipp: Du kannst auch die doppelte Menge nehmen, im Kühlschrank hält sich die Schokosoße ungefähr 2 Wochen. Schmeckt auch über Pan Cakes oder Waffeln.

28. Dattel- Walnussbrot

Das Brot schmeckt besonders gut mit Butter, außerdem kann man es zu Weihnachten verschenken. Dazu musst du es nur in Alufolie, und anschließend in ein hübsches Küchentuch einwickeln, so hast du immer ein schönes Mitbringsel.

170 g   Datteln
1 Tl. Natron
1 Tl. Backpulver
½ Tasse Kochendes Wasser
1 Ei
230 g Zucker
¼ Tl. Salz
1 Päckchen   Vanillinzucker
300 g Mehl
15   Walnüsse

Datteln, Natron und das Backpulver in eine Schüssel geben, das kochende Wasser darüberschütten und stehen lassen bis alles abgekühlt ist.
Das Ei schlagen, Zucker, Salz, Vanillinzucker und das Mehl dazugeben. Die Masse zu den Datteln geben und alles verrühren, dann erst kommen die Walnüsse dazu. Noch einmal rühren und fertig ist der Teig.
Die Masse in eine gefettete und mit Paniermehl gepuderte Kastenform geben.
Für 1 Stunde im vorgeheizten Backofen bei 190 Grad backen.
Etwas auskühlen lassen und dann auf ein Gitter stürzen.

Anstatt Kuchen eine Köstlichkeit zum Kaffee.

Tipp: Versuch es mit etwas Rübenkraut, aber nicht ohne Butter.
In Alufolie hält sich das Brot mehrere Tage.

29. Spiegeleibrot für die Arbeit

Das Spiegeleibrot ist eine ganz leckere Sache, du kannst es für die Arbeit nehmen, oder wenn du länger mit dem Auto unterwegs bist, das Brot bleibt saftig und frisch.

2 Eier
2 Scheiben Brot
etwas Fett zum Braten
Salz
Pfeffer
Fondor

ergibt 1 Portion

Das Fett erhitzen, die Eier aufschlagen und in die Pfanne geben, mit Salz, Pfeffer und Fondor würzen. Die Temperatur auf mittlere Hitze schalten, und einen Deckel auf die Pfanne setzen.
Wenn das Eigelb anfängt leicht weiß zu werden, trennst du die Eier voneinander und drehst sie vorsichtig auf die Seite mit dem Eigelb, nach einer Minute sind die Eier fertig.
Nach dem Abkühlen kannst du die beiden Scheiben Brot mit Butter bestreichen und die Eier darauf legen, in der Mitte durch schneiden, fertig ist ein Arbeitsfrühstück.

Tipp: Brate die Eier abends schon und stell sie in den Kühlschrank, so hast du morgens keinen Stress. Im Tupper- Behälter, oder in Alufolie bleiben sie frisch.

30. Käsesuppe

Diese Suppe ist das Beste, was du deinen Gästen bieten kannst, und du hast kaum Arbeit, wenn das Haus voll ist mit Besuch. Vorsicht, die Suppe ist sehr mächtig, außer Brot solltest du nichts dabei machen.

1 Paket Schmelzkäse natur
1 Paket Schmelzkäse Kräuter
1 l Rindfleischbrühe
300 g Gehacktes halb & halb
4 Porreestangen
1 Becher Sahne
2 Becher Schmand
etwas Fett zum Anbraten
Pfeffer

ergibt 6 Portionen

Das Fett in dem Topf erhitzen, das Gehacktes mit Pfeffer würzen und darin anbraten, bis keine Flüssigkeit mehr im Topf ist. Die Brühe sollte vorbereitet sein, nimm einfach einen Liter Wasser und bringe ihn zum Kochen, dann gibst du Instant Brühe hinein, die Menge steht auf der Packung, der Porree sollte ebenfalls schon klein geschnitten sein.
Ist das Gehacktes angebraten, kommt der Schmelzkäse hinzu, dass wird jetzt etwas schwierig, denn der Käse ist sehr fest, muss aber cremig werden, am besten gibst du nur immer Stücke in den Topf, solange rühren, bis er sich aufgelöst hat, dann kommt die Brühe dazu. Jetzt ist es Zeit, den Porree in die Suppe zu geben. Anschließend gibst du die Sahne und den Schmand dazu, alles gut verrühren. Wahrscheinlich muss kein Maggi mehr dazu, denn die Brühe ist schon kräftig genug. Die Suppe einmal richtig aufkochen lassen, das Rühren nicht vergessen.

Tipp: Die Käsesuppe lässt sich wunderbar einfrieren, also keine Angst, die schmeckt auch später noch, wenn du allein bist.

31. Chili Suppe

Chili Suppe ist nicht jedermanns Sache, das solltest du bedenken, ansonsten macht sie sich gut, an kalten Wintertagen, mit Fladen- oder Weißbrot.

400 g Gehacktes halb & halb
2 Dose Kitney Bohnen (klein)
2 Päckchen Maggi Fix für Chili
¾ l Wasser
1 großes Glas Zigeunersoße
etwas Fett zum Anbraten

ergibt 6 Portionen

Das Fett in einem Topf erhitzen, und das Gehacktes darin anbraten, bis keine Flüssigkeit mehr im Topf ist, dann gibst du das Wasser hinzu. Alles **aufkochen lassen und die beiden Päckchen Maggi Fix für Chili dazugeben,** anschließend kommen die Kitney Bohnen und die Zigeunersoße dazu. Je nach Geschmack kann man noch mit Pfeffer und Tabasco würzen. **Aber Vorsicht kann scharf werden.**

Tipp: Wenn du was übrig hast, kannst du es am anderen Tag etwas andicken und Reis dazu machen, so hast du ein kräftiges Mittagessen.

32. Lachsröllchen mit Lauchcreme auf Schwarzbrot

Wenn du ein kleines „Kaltes Büffet" machen möchtest, sind Häppchen genau das richtige. Auf den nächsten Seiten findest du einige Vorschläge.

1 Paket Räucherlachs
250 g Magerquark
1 Becher Sahne
½ Becher Schmand
1 Bund Lauchzwiebeln
Kräutersalz
Pfeffer
1 Paket Schwarzbrot
etwas Butter

ergibt 10 Portionen

Die Sahne schlagen, dann den Quark und Schmand einrühren. Anschließend die Lauchzwiebeln klein schneiden und unterheben. Mit Kräutersalz und Pfeffer abschmecken.
Die Lauchcreme solltest du einen Tag stehen lassen, so entfaltet sich der Geschmack von den Lauchzwiebeln besser.
Nun das Schwarzbrot diagonal durch schneiden, mit Butter bestreichen und Lauchcreme darauf geben. Den Lachs leicht rollen und darüber legen, mit Petersilie oder Schnittlauch verzieren.

Tipp: Die Lauchcreme schmeckt sehr gut zu Grillfleisch, oder Pellkartoffeln.

33. Schinkenröllchen

Schinkenröllchen kennt eigentlich jeder, und doch sind sie auf jeder
Party gern gesehen.

10 Scheiben gekochten Schinken
1 Paket Frischkäse (Buko)
1 Paket Frischkäse Kräuter
Schnittlauch
2 Gläser Spargel

ergibt 10 Röllchen

Den gekochten Schinken etwas trocken tupfen, dann mit dem
Frischkäse bestreichen. Die Hälfte mit Frischkäse, die andere Hälfte mit
Frischkäse Kräuter. Auf jede Scheibe 2 – 3 Spargelstangen legen. Dann
rollst du die Scheiben und bindest sie mit Schnittlauch zusammen, das
sieht gut aus, und sie gehen nicht wieder auseinander.

Tipp: Du kannst auch jeden anderen Aufstrich dafür verwenden, z. B.
Brunch mit Tomate.

34. Bohnen im Speckmantel

Bohnen im Speckmantel sind eine tolle Dekoration, die gerne gegessen wird.

1 Dose Prinzess Bohnen (Lange Bohnen)
Butter
2 Pakete Frühstücksspeck
Zahnstocher

ergibt 10 Stück

Die Bohnen zum Abtropfen in ein Sieb geben. Den Speck in der Butter leicht anbraten, nicht zu Kross, dann lässt er sich nicht mehr rollen. Anschließend die Bohnen in dem Fett kurz braten, nur so viel, das sie den Geschmack von dem Speck annehmen, so braucht man keine Gewürze. Dann nimmst du ein paar Bohnen und umwickelst sie mit dem Speck. Mit Zahnstocher fest stecken und fertig ist die Dekoration.

Tipp: Du kannst auch Tiefkühl Bohnen nehmen, die musst du nur vorher etwas kochen, in der Anleitung steht wie lange.

35. Rösti mit Hähnchenfilet und Ananas

Das ist was, dass du dir auch mal als Hauptgericht machen kannst. Auf einer Feier freuen sich deine Gäste aber auch über diese Leckerei.

1 Beutel Tiefkühl- Rösti
2 Pakete Hähnchenfilet (gefroren und gewürzt)
1 Dose Ananas ganze Scheiben
100 g Kokosraspeln
Fett zum Braten

ergibt 10 Portionen

Die Rösti in der Friteuse backen, nach Anleitung. Das Hähnchenfilet in der Pfanne fertig braten. Dann nimmst du eine neue Pfanne und gibst die Kokosraspeln hinein, ohne Fett und nur kurz rösten. Die Ananasscheiben in ein Sieb geben, nur kurz abtropfen lassen, damit sie noch etwas feucht sind. Die Ananasscheiben in den Kokosraspeln wenden, bis sie gut bedeckt sind, dann in der Mitte durchschneiden. Nun wird gestapelt, ein Rösti, darauf ein Hähnchenfilet und zum Schluss eine halbe Scheibe Ananas, wenn du möchtest kannst du alles mit einem Zahnstocher oder Piker feststecken.

Tipp: Du kannst anstatt Hähnchenfilet auch Schweine Medaillons nehmen.
Wenn sie noch etwas warm sind, sind sie besonders köstlich.

36. Tomate, Mozzarella und Basilikum

Das ist ganz schnell zubereitet, und macht die Tafel etwas farbiger.

3 – 4 große Tomaten
3 Beutel Mozzarella
Basilikum
Olivenöl
Tomate- Mozzarella- Gewürz

ergibt 4 Portionen

Die Tomaten und den Mozzarella in Scheiben schneiden, abwechselnd auf eine Platte legen, dass Tomate- Mozzarella- Gewürz darüber streuen und mit etwas Olivenöl beträufeln.
Zum Schluss die Basilikumblätter darauf geben.

Tipp: Hier weiß ich keinen.

37. Eiersalat auf Stangenweißbrot

Der Eiersalat ist sehr mächtig, weil das Rezept aber von deinem Vater ist, wollte ich es dir nicht vorenthalten.

10 Eier hart gekocht
Senf
Salatcreme oder Remoulade
Salz
Pfeffer
Paprika
Butter
1 Stangenweißbrot

ergibt 6 Portionen

Die hart gekochten Eier in Scheiben schneiden, Salatcreme oder Remoulade dazugeben, die Menge spielt keine Rolle, dass kann man machen wie man es am liebsten mag, dann mit einem Teelöffel Senf, Salz, Pfeffer und Paprika abschmecken. Alles gut verrühren und zwei Stunden stehen lassen.
Das Stangenweißbrot in Scheiben schneiden, mit Butter bestreichen und den Eiersalat darauf geben. Verzieren kannst du mit Tomaten oder Petersilie.

Tipp: Du kannst den Salat noch verfeinern, indem du Pilze oder Ananas dazu gibst.

38. Gemischte Fleischplatte

Die gemischte Fleischplatte, eignet sich besonders gut, wenn du viel Besuch bekommst, rechne pro Person mit zwei Stück Fleisch, das wird reichen, wenn es noch Salat dazu gibt.
Das ist nur ein Vorschlag, variieren kannst du nach Lust und Laune.
Ich gebe keine Mengen an, das kommt auf die Personenzahl an.

Hähnchenschenkel im Backofen gebraten
Hähnchenbrustfilet
Frikadellen
Chicken Chips 5 St. pro Person in der Friteuse gebacken
kleine Schweineschnitzel
Kasselerbraten in Scheiben geschnitten (Lummer)
Cevapcici, gibt es gefroren
Zitronen
Tomaten
Petersilie
Eisbergsalat

Anrichten:
Du nimmst eine große Platte oval oder rund, belege sie mit den Eisbergsalat Blättern, dann drapierst du das Fleisch darauf, immer eine Sorte auf eine Seite. Die Zitronen werden in Viertel und Scheiben geschnitten, die Tomaten geviertelt. Dann verzierst du alles so, wie es dir am besten gefällt.

Tipp: Du kannst das gesamte Fleisch im Backofen auf niedriger Stufe warm halten, kurz bevor deine Gäste kommen, richtest du es erst an, dann ist alles noch etwas warm.
Den Backofen auf etwa 80 Grad stellen.

39. Roastbeefröllchen mit Hüttenkäse

Die Roastbeefröllchen, sind nur eine Leckerei, sie machen nicht wirklich satt, du kannst sie also mehr oder weniger nur als Dekoration verwenden. Ich würde auch nur 1 Röllchen pro Person rechnen.

Roastbeefscheiben nach Personen
Hüttenkäse

Die Roastbeefscheiben mit dem Hüttenkäse bestreichen und rollen.

Tipp: Du kannst auf den Hüttenkäse noch etwas Paprika oder Curry streuen, das gibt einen etwas würzigeren Geschmack.

American Toast

Das sind ganz einfache Toasts, die du belegen kannst, wie du Lust hast, ich gebe dir nur ein paar Beispiele. Das Brot ist auch austauschbar, z. B. kannst du Bagel, Baguette oder normales Weißbrot nehmen. Jedes Rezept ergibt eine Portion.

40. American Toast mit Brie

2 Scheiben Sammys Weißbrot
Eisbergsalat
Butter
Gewürzgurke
Brie
süßen Senf

Das Weißbrot leicht antoasten, mit Butter bestreichen, dann mit einem Salatblatt belegen. Den Brie in Scheiben schneiden und darauf legen und mit süßem Senf bestreichen. Zum Schluss kommen die Gewürzgurkenscheiben darauf. Zuklappen, in der Mitte durch schneiden und Fertig.

Tipp: Du kannst noch etwas frisch gemahlenen Pfeffer darüber streuen, dann wird es etwas pikanter.

41. American Toast mit Ei

2 Scheiben Sammy Weißbrot
Tomate
Eisbergsalat
Remoulade
Paprikapulver
1 – 2 Eier (hart gekocht)

Die Zubereitung ist wie bei dem American Toast mit Brie nur nimmst du anstelle von Butter die Remoulade.

Tipp: Du kannst noch ein wenig Senf auf die Oberseite des Toasts geben, das liegt an dir.

42. American Toast mit Salami

2 Scheiben Sammy Weißbrot
Eisbergsalat
Tomate
Remoulade
3 Scheiben Salami

Die Zubereitung ist wieder wie bei dem Toast mit Brie.

Tipp: Anstelle von Tomaten kannst du auch Gewürzgurke nehmen.

43. American Toast mit Schinken

2 Scheiben Sammy Weißbrot
Remoulade
1 Scheibe gekochten Schinken
Tomate
Paprika
Eisbergsalat

Die Zubereitung ist wieder wie bei dem Toast mit Brie.

Tipp: Wenn du die Paprika weg lässt, kannst du ein paar Scheiben Ei darauf geben.

44. American Toast mit Thunfisch

2 Scheiben Sammy Weißbrot
Remoulade
Zwiebelringe
Tomate
1 Dose Thunfisch in Öl
Eisbergsalat

Wie bei dem Toast mit Brie, nur musst du vorher den Thunfisch in einem Sieb ablaufen lassen.

Tipp: Wenn du rote Zwiebeln nimmst, wird der Geschmack kräftiger.

45. American Toast mit Salami und Käse

2 Scheiben Sammy Weißbrot
Eisbergsalat
Remoulade
3 Scheiben Salami
1 Scheibe Gouda Käse
Tomate
Gewürzgurke

Die Zubereitung ist genau wie bei den anderen Toasts, alles stapeln und fertig.

Tipp: Das solltest du vielleicht in vier Teile schneiden, weil dir sonst alles runter fällt.

46. American Toast mit Thunfischsalat

2 Scheiben Sammy Weißbrot
Remoulade
1 Dose Thunfisch in Öl
1 Zwiebel
½ Paprika

Den Thunfisch nur abgießen, damit noch ein wenig Öl da ist, und in eine Schüssel geben.
Die Zwiebel und die Paprika in ganz kleine Stücke schneiden und zu dem Thunfisch geben, dann mit Remoulade anrühren, bis eine feste Masse entsteht.
Das Sammy leicht toasten und die Thunfischmasse darauf geben.

Tipp: Du kannst auch noch eine Tomate ganz klein schneiden und unterrühren.

47. American Toast mit Schinken und Ananas

Zutaten: (für ein Toast)
2 Scheiben Sammy Weißbrot
Remoulade
2 Scheiben gek. Schinken
1 Scheibe Ananas
Eisbergsalat

Die Zubereitung ist wie bei dem Toast mit Brie, nur solltest du die
Ananas richtig trocken machen, mit einem Küchenkrepp zum Beispiel.

Tipp: Du kannst auch einen halben Pfirsich nehmen.

48. Baguettebrötchen Amerikanisch

1 Baguettebrötchen
Butter
Eisbergsalat
2 Scheiben Salami
1 Scheibe gek. Schinken
1 Scheibe Gouda Käse
1 Gewürzgurke
1 Zwiebel
1 Tomate

Das Baguettebrötchen aufschneiden, buttern und mit Eisbergsalat
belegen. Die Tomate in Scheiben schneiden und auf das Brötchen
legen, dann kommt die Salami, darauf die in Scheiben geschnittene
Gewürzgurke. Als nächstes ist der Käse dran, darauf legst du

Zwiebelringe und zum Schluss den gekochten Schinken. Alles zuklappen und essen.

Tipp: Mit beiden Händen festhalten, sonst fällt alles auf den Teller. Guten Appetit.

Eigene Kreationen:

48. Nussbrot   schöne Kekse zu jeder Jahreszeit

Dein Patenonkel Klaus möchte dir auch etwas mitteilen

250 g Butter
500 g braunen Zucker
4 Eier
2 El. Zimt
2 Tl. Nelkenpulver
100 g Kakao oder Trinkschokolade
1 Tl. Backpulver
500 g Mehl
500 g Haselnusskerne
etwas Milch

Butter und Zucker schaumig schlagen, nacheinander Eier, Zimt,
Nelkenpulver, Kakao und das mit dem Backpulver vermischte und
gesiebte Mehl untermengen. Den Teig gut durchkneten, dann die
Haselnüsse dazugeben und kurz untermengen.
Ein Backblech mit Backpapier auslegen und den Teig darauf zu einem
Rechteck ausrollen, die Ränder mit den Fingern etwas andrücken,
anschließend den Teig mit Milch bestreichen.
Im vorgeheizten Backofen bei 200 Grad ca. 25 Minuten backen, auf
dem Blech auskühlen lassen und anschließend in Stücke schneiden, so
etwa 2 cm x 5 cm.

Tipp: Wenn keine Weihnachtszeit ist, kannst du anstelle von
Nelkenpulver auch Vanillepulver nehmen, das gibt es im Supermarkt in
Dosen.
Zum verschenken nimmst du einen Cellophanbeutel, den gibt es auch
im Supermarkt, bindest eine hübsche Schleife darum und fertig ist das
selbst gemachte Geschenk.

50. Waffeln

6 Eier
Zucker nach Geschmack
250 g Butter
1 Vanillinzucker
Mehl
Sahne
Puderzucker zum bestreuen

ergibt 6 - 8 Waffeln

Die Eier, mit etwas Zucker und der Butter richtig schaumig schlagen.
Den Vanillinzucker unterrühren, dann mit Mehl solange auffüllen, bis
der Teig sich ziehen lässt, dabei immer weiter rühren.
15 Minuten stehen lassen, dann mit Sahne den Teig wieder dünner
machen, kräftig rühren, fertig.
Das Waffeleisen mit etwas Öl bestreichen, einen Esslöffel von dem
Teig darauf geben und den Deckel schließen.

Heraus kommt eine herrlich lockere Waffel, die mit etwas Puderzucker
bestreut wird.

Tipp: Anstelle von Sahne kannst du auch Milch verwenden, das spart
Kalorien.

51. Geschnetzeltes mit Ananas

500 g Schweinegulasch
4 Zwiebeln
Margarine zum Braten
1 kleine Dose Ananas in Stücke
Sojasoße nach Geschmack
1 Becher Sahne
1 Becher Schmand
Salz
Pfeffer
Curry
1 Päckchen Bratensoße
¾ l Brühe

ergibt 3 Portionen

Zubereitung:
Das Fleisch etwas kleiner schneiden und in der erhitzten Margarine
anbraten, mit Salz, Pfeffer und Sojasoße würzen. Die Zwiebeln in halbe
Ringe schneiden und kurz mit anbraten. Mit der Brühe ablöschen, sollte
die Brühe das Fleisch nicht bedecken mit Wasser auffüllen, die
Bratensoße unterrühren und alles bei niedriger Temperatur köcheln
lassen.
Die Ananas in ein Sieb geben und abtropfen lassen, den Saft solltest du
auffangen.
Nach ca. 30 Minuten müsste das Fleisch weich sein, dann gibst du die
Ananasstücke, die Sahne, den Schmand und etwas Currypulver dazu,
umrühren und noch einmal ca. 15 Minuten kochen lassen.
Sollte die Soße noch zu dünn sein, mit etwas Soßenbinder Andicken.

Tipp: Dazu kannst du Wildreis machen, vielleicht noch einen Salat und
du hast ein exotisches Essen, ganz einfach.

52. Sauerkraut durcheinander

1 Dose Sauerkraut
400 g Kassler z. B. Lummer ohne Knochen
8 mittlere Kartoffeln
1 Zwiebel
¾ l Brühe aus Instant Brühe gemacht
1 Prise Piment
Pfeffer
Maggi nach Geschmack
Margarine zum Braten

ergibt 4 Portionen

Das Sauerkraut in ein Sieb geben und abwaschen, die Margarine im Topf erhitzen das Sauerkraut und die klein geschnittene Zwiebel darin anbraten.
Die Kartoffeln in kleine Stücke schneiden und dazugeben, anschließend das Kasseler ebenfalls in kleine Stücke geschnitten beigeben, mit Pfeffer würzen, mit der Brühe auffüllen und ca. 45 Minuten auf kleiner Flamme kochen lassen.
Dann mit Piment und etwas Maggi abschmecken.
Das ist ein Eintopf für Anfänger der super lecker ist, wo wenig Geschirr schmutzig ist und der sich hervorragend einfrieren lässt.

Tipp: Mit ein paar Stücken Ananas darin schmeckt er auch richtig gut.

53. Püree mit Rührei und Salat

12 Kartoffeln
Milch
Butter
Muskat
Pfeffer
Fondor
6 Eier
Margarine zum Braten
½ Becher Sahne

ergibt: 2 Portionen

Eisbergsalat Rezept Nr. 6

Die Kartoffeln schälen und in Salzwasser kochen. In der Zeit das
Rührei vorbereiten, die Eier in kleine Schüssel geben, mit Fondor, Salz
und Pfeffer würzen, die Sahne dazugeben und alles gut verrühren,
stehen lassen bis das Püree fertig ist. Den Eisbergsalat nach Rezept Nr.
6 ebenfalls vorbereiten.

Wenn die Kartoffeln gar sind, das Wasser abgießen und Kartoffeln
grob stampfen. Etwas Milch, Butter, Fondor und Muskat hinzugeben.
Alles mit dem Schneebesen gut verrühren, Deckel drauf uns stehen
lassen.
Margarine in der Pfanne erhitzen, die Eier hinein geben und unter
ständigem rühren durchbraten, nicht zu lange sonst wird es trocken.

Das Püree auf den Teller geben, in der Mitte eine Vertiefung machen
und das Ei darein legen. Der Salat sollte mit auf den Teller gelegt
werden, so kann sich die Salatsoße mit dem Püree vermischen.

Ein leichtes Essen, das schnell geht und wirklich lecker ist.

54. Arme Ritter

2 Scheiben Toast oder 1 Scheibe Sammys
2 Eier
etwas Sahne ca. 3 El.
Salz
Pfeffer
Fondor
30 g geriebenen Käse

ergibt 1 Portion

Die Eier mit der Sahne und den Gewürzen schlagen, dann den geriebenen Käse unterrühren.
Das Brot darin von beiden Seiten panieren und in eine Pfanne mit heißer Butter geben.
Solange von beiden Seiten braten, bis die gewünschte Bräune eintritt.

Tipp: Mit ein paar Scheiben Tomate ein wundervolles kleines Mahl.

55. Gebratener Gouda

1 Scheibe Gouda ca. 2 – 3 cm dick
1 Ei
3 El. Milch
etwas Paniermehl
etwas Butter zum Braten
1 El. Preiselbeermarmelade
1 Scheibe Schwarzbrot
Butter zum bestreichen
Zwiebelringe

ergibt 1 Portion

Das Ei mit der Milch verrühren, den Gouda darin wälzen anschließend mit dem Paniermehl panieren. In der heißen Pfanne von beiden Seiten braten, bis der Käse anfängt zu laufen.
Zu dem Käse gibt es Preiselbeermarmelade, Zwiebelringe und Schwarzbrot mit Butter.

Auch wenn es sich nicht so anhört, die Kombination Preiselbeermarmelade und Zwiebelringe, in Verbindung mit dem Gouda ist super lecker.

56. Püree mit Zwiebeln und Bratwurst

1 Bratwurst gebrüht oder frisch
5 Kartoffeln
Salz
Butter
Milch
Muskat
Fondor
Paprika
1 Gemüsezwiebel

Die Kartoffeln schälen und mit etwas Salz Kochen, in der Zeit die Zwiebel in Ringe schneiden.
In einer Pfanne mit etwas Butter die Zwiebelringe, bestreut mit etwas Paprika goldgelb braten.
Die Bratwurst ebenfalls in einer Pfanne braten.
Die Kartoffeln abgießen und stampfen, etwas Butter, einen Schuss Milch, Fondor und Muskat zugeben und kräftig rühren.
Je nach dem wie fest oder weich dein Püree sein soll, gibst du mehr oder weniger Milch zu.

Tipp: Mit einem Gurken- oder Tomatensalat schmeckt es noch mal so gut.

Eigene Rezepte:

Meine Favoriten:

Rezept für Weihnachtsgebäck:

Etwas Schönes zum verschenken:

Tischdekorationen

Du brauchst kein Dekorateur zu sein, um fantasievolle Tischdekorationen zu machen. Verlass dich einfach auf dein Gefühl. Ich werde dir einige Anregungen geben, du solltest sie aber so verändern, dass dein Geschmack deutlich zu sehen ist.

Du findest hier gleich Listen für die einzelnen Themen, da kannst du dir etwas raussuchen, oder es nur als Anregung nehmen.

Wenn du Gäste erwartest, solltest du in jedem Fall den Tisch hübsch dekorieren, denn das Auge isst bekanntlich mit, und was nützt das tollste Essen, wenn der Tisch lieblos aussieht? Am besten dekorierst du immer dem Anlass entsprechend, ist Halloween, kommen Kürbisse besonders gut, da solltest du vielleicht auf Glockenblumen verzichten. Halte dich nur etwas an die Regeln, dann kann nichts schief gehen.

Wenn dir mal gar nichts einfallen will, nimm einfach Efeu und Kerzen, dass passt immer.

Lass es vor allem locker angehen, die Zeiten sind vorbei, jedenfalls im privaten Bereich, wo die Tafel steif und konventionell gedeckt sein musste. Heute ist Finger Food genau so angesagt, wie Pommes aus der Tüte, die aus Zeitungspapier gemacht wurde. Natürlich gibt es noch die Geschäftsessen, wo man vorher einen Stock verschlucken muss, damit man aufrecht sitzt, dass gilt aber nicht für Freunde, die sich in deinem Haus wohl fühlen sollen. Bei einem offizielleren Essen solltest du schon auf bestimmte Regeln aufbauen, wie Untersetzer für die Teller, das Besteck in der richtigen Reihenfolge, Wasser- und Weinglas, Stoffservietten und silberne Kerzenleuchter.

Ansonsten mach es gemütlich, oder ausgeflippt, je nach dem wie du dich fühlst.

Achte aber immer darauf, dass genügend Servietten und Kerzen vorhanden sind, dass ist die Basis.

Nun ein paar Vorschläge von mir:

57. Tischdekoration „Mutter Natur"

Diese Tischdekoration, ist so variabel, die kannst du das ganze Jahr verwenden, dass hat den Vorteil, dass du die Schränke nicht nur mit Dekorationsmaterial voll hast.

Was sagt dir Mutter Natur? Erdfarben, Naturstoffe, Gräser, Äste, Bast, Sand, Efeu und Edelsteine. Natürlich auch alle Sorten von Blumen und Grünzeug, eben alles was in der Natur zu finden ist.

Fangen wir mit dem Tisch an. Nesselstoff ist natur belassen und günstig, Leinen wäre auch toll, aber leider sehr teuer und wenn du das bügeln musst, wirst du verrückt. Bleiben wir also bei Nessel, die Farbe ist Beige, passt zu allem.

Als Untersetzer kannst du Bastteller, Bastmatten, oder gebügelte Zeitung nehmen. Jetzt wirst du sicherlich sagen, ich soll die Zeitung bügeln,? So ein Quatsch! - Ja, das ist notwendig, damit deine Tischdecke und deine Gäste nicht mit Druckerschwärze beschmutzt werden. Die Zeitung solltest du auf Untersetzer Größe zuschneiden, sonst nimmt sie den ganzen Tisch ein, lege sie vierfach, so geht so schnell nichts durch.

Das Geschirr steht hier nicht im Vordergrund, sondern die Dekoration: Ich würde mit Efeu und ein paar Birkenästen anfangen, das legst du über die Mitte, dann nimmst du Edelstein- oder Salzkristall Teelichter, und verteilst sie auf dem Tisch. Einige große Edelstein Brocken und Edelstein Chips legst du in Gruppen angeordnet überall auf den Tisch, z. B. Rosenquarz, Amethyst, Bergkristall, Orangencalcit und Blauquarz. Lass deine Gäste mit den Steinen spielen, das entspannt ungemein.

Außerdem kannst du noch Federn verteilen, die gibt es in jedem Bastelgeschäft, Lavendelblüten und getrocknete Rosenknospen passen auch sehr gut dazu. Sei großzügig und leg jedem Gast ein oder zwei Edelsteine auf die Serviette, als kleines Geschenk, so brauchst du die Serviette auch nicht zu falten, knick sie einmal in der Mitte, als Dreieck und lege sie auf den Teller, vielleicht noch eine Blume darauf, und die Edelsteine, man wird begeistert sein.

Wie ich schon erwähnte, Mutter Natur ist so ergiebig, lass deiner Phantasie freien Lauf, dann wird die Dekoration dir auch gelingen.

58. Tischdekoration „Frühling"

Eine Tischdecke in der richtigen Größe wäre nicht schlecht, für den Frühling würde ich eventuell Gelb vorschlagen, das bringt die Sonne in unsere Herzen. Nach der dunklen Jahreszeit sollten die Farben leuchtend sein, das tut unserer Seele gut.

Dazu würden dunkelgrüne Servietten gut aussehen. Gelbe und grüne Kerzen ebenfalls. Ob Stumpen- oder Leuchterkerzen, ist egal. Du kannst aber auch ein paar Teelichter aufstellen, wenn du Angst hast, die Kerzen könnten umgeworfen werden.

Die Farbkombination könnte aber auch lindgrün und orange sein, das habe ich vor einiger Zeit für einen Kunden gemacht, das sah richtig frisch aus.

Nun aber zurück zu Gelb und Grün: Glockenblumen und Efeu, würde ich sagen; stell die Glockenblumen in einfache Trink- oder Marmeladengläser, das Efeu legst du zwischen die Teller und Schalen, möglichst in eine Richtung, nicht einfach hinschmeißen.

Mal sehen, was passt denn noch dazu? Wie wäre es, wenn du die Bestecke in die Servietten einrollst und mit Bast in Gelb und Grün zubindest, so hast du das Besteck nicht offen rumliegen. Die fertigen Bestecke kannst du dann auf ein Holztablett legen.

Wenn dein Geschirr nicht in der Farbe des Tisches ist, was ganz natürlich wäre, solltest du die Teller und Gläser auf einen anderen Tisch stellen, und das Tablett mit dem Besteck am Ende des Büffets. Je nach Feier kannst du auch Pappteller nehmen, die gibt es in jeder Farbe. Ansonsten musst du die Dekoration auf dein Geschirr abstimmen.

Bast kann noch auf dem Tisch zwischen dem Efeu verteilt werden.

Für den Frühling stehen auch Krokusse, die machen sich in kleinen Töpfen gut, oder Hyazinthen die gibt es mit Zwiebel unten dran, die sollten in ein Glas mit Wasser.

Außerdem kannst du noch Seidenblumen auf dem Tisch verteilen, aber ohne Stiele, nur die Köpfe.

Wenn du den Tisch richtig eindeckst, kannst du zum Beispiel Efeu um die Teller legen, und eine Serviette auf den Teller.

59. Tischdekoration „Sommer"

Der Sommer bietet dir unzählige Möglichkeiten, mal romantisch mit Rosen, mal in Blau- Weiß mit Muscheln, oder sogar Schwarz- Weiß. Japanisch ist auch nicht schlecht, oder im Bauernlook kariert. Ich habe mich für Rosen und Silber entschieden, dafür benötigst du eine weiße oder cremfarbene Tischdecke.
Dazu Kerzenleuchter und Teelichthalter aus Silber, oder Chrom. Rote Rosen bringen eine romantische Stimmung. Entweder stellst du sie in Kristallvasen, oder aber in Silber- oder Chromvasen, es können auch andere Gefäße aus diesem Material sein. Von einigen Rosen nimmst du nur die Köpfe und legst sie auf den Tisch, dazu kannst du auch Seidenblumen nehmen, die bleiben länger „frisch". Etwas Efeu dazwischen und vielleicht noch ein paar Rosenblätter, oder aber rote Herzen aus Glas, alles in den Farben Rot, Silber, Weiß und Grün sind angenehm.
Die Servietten sollten Rosenmuster haben, oder unifarben sein, in Rot oder Grün.
Windlichter mit Rosenblätter und einer Kerze sind auch schön.
Außerdem solltest du ein Stövchen mit Rosenöl aufstellen, dass gibt dem ganzen noch eine besondere Note.

Solltest du dich für Japanisch entscheiden, halte alles in Rot – Schwarz, oder Schwarz – Weiß, einige Bambusstäbe auf den Tisch gelegt, bringen schon die erste Stimmung. Natürlich dürfen die Stäbchen nicht fehlen. Zur Sicherheit solltest du aber Besteck in der Nähe haben: wenn das Essen nämlich kalt wird, weil deine Gäste nicht mit Stäbchen umgehen können, wäre das ein schlechtes Essen. Servietten mit chinesischen Zeichen würden gut dazu passen. Eine Schale mit Wasser und Zitronenscheiben um die Hände zu waschen, macht sich auch sehr gut. Dann musst du aber auch genügend Stoffservietten zum abtrocknen bereithalten. Zum dekorieren kannst du noch Bambuszweige und Kirschblüten nehmen, die gibt es auch in der Seidenblumen- Abteilung. Die Schälchen für das Essen stellst du am besten auf einen Teller, der sollte aber farblich zu den Schälchen passen.

Als Unterlage für die Teller, kannst du Bambusmatten in Naturfarbe nehmen. Die Stäbchen kreuzt du und bindest sie mit etwas Bast aneinander, dann legst du sie auf den Teller, neben das Schälchen. Als zusätzliche Dekoration kannst du noch Glückskekse auf dem Tisch verteilen.

60. Tischdekoration „Herbst"

Dabei musst du nur an den Herbst denken, da fallen dir sicherlich
genug Dekorationen ein: herbstlich gefärbte Blätter, Maiskolben,
Kürbisse, die Farbe Orange und Hellbraun, oder Weinblätter.
Eine Tischdecke in den Farben Schwarz, Weiß oder Orange wäre
schon nicht schlecht. Du solltest die Farbe so aussuchen, dass die
Dekorationen gut zur Geltung kommen. Nimmst du viele Kürbisse,
würden sie auf einer orangefarbigen Tischdecke kaum auffallen, aber
einer schwarzen aber schon. Entweder machst du ein großes
Herbstgesteck für die Mitte des Tisches, oder du verteilst alles auf dem
Tisch: zwei Maiskolben hier, zwei Kürbisse dort, dazwischen noch ein
paar Herbstblätter, oder das zu jeder Jahreszeit passende Efeu.
Servietten gibt es mit allerlei Herbstmotiven, ebenso Kerzen in Orange.
Im Handel gibt es künstliche Blätter in allen Größen, sicherlich findest
du auch welche, die du als Untersetzer nehmen kannst. Ansonsten
kannst du auch kleine Blätter um die Teller legen, als Rahmen
sozusagen. Windlichter oder einfache Gläser mit Bast umwickeln, etwas
Sand hinein geben und eine Kerze darauf stellen, schon hast du eine
einfache und hübsche Tischdekoration.

61. Tischdekoration „Winter"

Auch hier hast du wieder unzählige Möglichkeiten. Im Dezember kannst du alles festlich schmücken, während im Januar und Februar, eher der Winter angebracht ist.

Schneemänner sind im Januar noch erlaubt, Weihnachtsmänner nur im Dezember.

Ich gebe dir ein paar Tipps für Weihnachten.

Wenn du kaum Dekorationen auf den Tisch stellen möchtest, nimmst du eine bunt bedruckte Tischdecke, mit Weihnachtsmotiven, die sind so kunterbunt, da erübrigt sich alles andere. Außer ein paar Kerzenständer, oder Teelichter, wirkt da nichts.

Ich zeige dir den anderen Weg, den feierlichen:

Du nimmst roten oder grünen Stoff, den bekommst du in jeder Stoffhandlung, mit etwas Glück auch bei Ikea, dort gibt es auch Stoffe in Organza, oder Tüll, mit und ohne Sterne. Den Unterstoff berechnest du nach deiner Tischlänge, von dem durchsichtigen Stoff nimmst du einen Meter mehr, so kannst du ihn üppig über den Tisch legen. Ich gehe mal von dunkelgrünem Stoff als Unterlage aus, das heißt der Organza Stoff sollte entweder creme, silber- oder goldfarben sein, das kommt auf die Dekorationen an, die auf den Tisch sollen.

Ich entscheide mich mal für Creme, als Oberstoff, den drapieren wir der Länge nach auf den Tisch. Nun kommen die Untersetzer, entweder nimmst du Silberteller, oder Tisch Sets aus Stoff, dann kommt das Geschirr, Besteck und die Gläser darauf. Hier solltest du die Reihenfolge so einhalten, sonst könnte dir am Ende der Platz dafür fehlen, dann geht das Umräumen los, und es passt nichts mehr. Möchtest du das Essen in Schalen und auf Platten servieren, solltest du auch diese Dinge in der Mitte verteilen. Schöner wäre es, wenn du das Essen in der Küche auf die Teller gibst, so ist der Tisch frei für die Dekorationen und dem Wein. Nun kann das Dekorieren beginnen, alles ist erlaubt, was mit Weihnachten zu tun hat, ob Weihnachtsmänner oder Rentiere, auch kleine Geschenke sind toll. Zuerst stellst du die größeren Sachen auf den Tisch, dann kannst du dazwischen die kleinen Dinge, wie Zimtstangen, mit Nelken gespickte Apfelsinen, Nüsse, Sternanis oder Glaskugeln legen. Als Tischmittelpunkt, kannst du ein üppiges Gesteck, oder ein dekoriertes Tablett nehmen. Die Kerzenleuchter sollten das Gesteck nicht zu sehr überragen, achte auf die Proportionen. Nimmst du ein sehr niedriges Gesteck, solltest du keinen fünfarmigen Kerzenleuchter dazu nehmen, da sind kleinere Kerzenhalter oder sogar Teelichter die bessere Variante. Du kannst dich auch für einen riesigen Kerzenleuchter, dafür aber gegen ein Gesteck entscheiden, in diesem Fall solltest du Tannenzweige und Rosen neben den Kerzenleuchter auf den Tisch legen. Die Servietten kannst du mit einem schmalen Schleifenband zusammen binden. Nimmst du Stoffservietten, darf das Band ruhig etwas breiter sein, du kannst auch den Organzastoff, den du auf dem Tisch hast in Streifen schneiden und als Bänder verwenden.

Alles fertig?

Dann wünsche ich dir Frohe Weihnachten!

Liebe Sabrina, liebe Leserinnen und Leser

Ich hoffe alle hatten soviel Spaß beim lesen, wie ich beim schreiben.
Die Rezepte wurden von mir aus dem Kopf heraus geschrieben, die
Gewürze, oder die Mengen sind beliebig veränderbar. Die eigene
Kreativität sollte auch beim kochen nicht verloren gehen
Ich habe keine Bilder eingefügt, denn jeder weiß wie Sauerkraut
aussieht, außerdem habe ich festgestellt, dass mein Essen nie so aussah
wie im Kochbuch. Dafür habe ich genügend Platz gelassen, für eigene
Notizen.
Ein Kochbuch sollte gebraucht werden, nicht kaufen und im Regal
verstauben lassen, benutzen und eventuell erweitern, dass hätte ich
gerne.
An dieser Stelle möchte ich mich bei meiner Familie für die
Unterstützung herzlich bedanken.
Durch dieses kleine Buch soll Oma Hanne stets in unseren Herzen
weiter leben.

Nun wünsche ich allen sehr viel Freude beim kochen und

Guten Appetit

Meine eigenen Rezepte:

Anmerkungen:

Einkaufsliste:

Meine Party:

Mein Weihnachtsessen: